Dieter Köhnen

Originelle
Fensterbilder
aus Tonpapier und Tonkarton

INHALT

VORWORT

Das Basteln mit Papier und Schere hat eine lange
Tradition, und die Freude an dieser kreativen Beschäfti-
gung ist nicht geringer geworden. Immer mehr Menschen
finden auch durch die bunte Vielfalt der angebotenen
Bastelmaterialien ihr Vergnügen an diesem preiswerten
Hobby. Selbst Ungeübte können mit Hilfe der leicht erlern-
baren Techniken in kürzester Zeit die schönsten Fensterbilder herstellen. Die Auswahl der hier präsentierten
Vorlagen reicht von ganz einfachen, „kinderleichten", über
mittelschwere bis hin zu anspruchsvollen Ausführungen,
die schon einiges Geschick erfordern.

WERKZEUG UND MATERIAL

Fensterbilder kann man mit wenig Geld- und Zeitaufwand anfertigen. Daher bietet sich das Arbeiten mit Tonpapier und Tonkarton besonders für größere Gruppen an – sei es in Bastelkursen, in Kindergärten oder in Schulen. Die Materialien sind im gutsortierten Schreibwarengeschäft, im Dekoladen oder im Kaufhaus erhältlich.
Die benötigten Werkzeuge finden sich in nahezu jedem Haushalt, und sollte das eine oder andere vielleicht doch fehlen, so ist es in der Anschaffung erschwinglich.

MAN BENÖTIGT:

– einen großen Tisch oder eine große Arbeitsplatte.
– gutes Licht und eine vernünftige Sitzgelegenheit.
– eine Papierschere, die nur zum Papierschneiden verwendet werden darf.
– einen Cutter (Schneidemesser), der aus mehreren einzelnen, abtrennbaren Klingen besteht.

– eine gute Unterlage, die mindestens die Dicke von Plakatkarton hat, damit Arbeitstisch oder -platte nicht beschädigt werden.
– Transparent- oder Kohlepapier zum Ab- bzw. Durchpausen der Vorlagen.
– Zeichenkarton, der zur Herstellung von Schablonen dient.
– Tonpapier und Tonkarton in verschiedenen Farben, wobei der Karton für die Formen notwendig ist, die eine gewisse Stabilität brauchen.
– Klebstoff, z.B. Pritt Alles-Kleber.
– Büroklammern oder Klebeband zum Fixieren des Transparentpapiers auf der Vorlage.
– Zirkel zum Vorzeichnen größerer Kreise.
– Lineal und Geodreieck für gerade Linien und Schnitte.
– weicher Bleistift für das Durchzeichnen und die Schablonenherstellung.
– Radiergummi.
– Filzstift zum Bemalen.
– Locher, mit dem man aus Reststücken kleine Tonpapier- oder Tonkartonkreise fertigt.
– durchsichtiges Garn zum Aufhängen der Fensterbilder.

TECHNIK

Bei der Gestaltung und Anfertigung von Fensterbildern aus Tonkarton und Tonpapier werden hier zwei Grundtechniken mit ihren Varianten angewandt. Bei beiden kommt es auf das exakte Ausschneiden des Materials an.

SCHERE UND CUTTER

Fensterbilder können auf verschiedene Weise gearbeitet werden. Der Scherenschnitt, für den eine Nagelschere das wichtigste Werkzeug darstellt, ist wohl die älteste und bekannteste Variante. Wollen Sie Ihre Fensterbilder mit der Schere arbeiten, so sind einige Punkte zu beachten:

Werkzeug und Material sind bestimmt für jeden erschwinglich.

Der Cutter wird gezogen, wobei man mit dem Zeigefinger den Druck ausübt und mit dem Mittelfinger und dem Daumen die Schneiderichtung bestimmt.

– man schneidet stets von außen nach innen.

– will man z.B. eine Kerbe schneiden, so setzt man die Schere zweimal an: zuerst an einem der äußeren Enden, dann an dem anderen und schneidet bis zum Treffpunkt in der Mitte. Dabei dreht man den Karton mit der anderen Hand immer in die Schnittrichtung.

– schwierig für den Anfänger ist jedoch das exakte Kurvenschneiden, denn hierbei entstehen Ausfransungen und Ungenauigkeiten. Sie führen insbesondere bei doppelt gearbeiteten Bildern zu unbefriedigenden Ergebnissen, und aus diesem Grund haben wir fast völlig auf die Schere verzichtet und die Objekte mit dem Schneidemesser, dem sogenannten Cutter, hergestellt.

– kleinere Kinder sollten grundsätzlich nur mit der Schere arbeiten, denn die Verletzungsgefahr ist geringer als beim Cutter, und ihre Ansprüche an die Genauigkeit sind ja noch nicht so groß wie bei den Erwachsenen.

Cutter:

– mit ihm schneidet man immer von innen nach außen.

– er besteht aus einzelnen Klingen, die man einfach abbricht, wenn sie stumpf geworden sind, um so dem nächsten scharfen Segment Platz zu machen.

– der Vorteil liegt in der Exaktheit und Feinheit der Schnitte. Mit einer Schere erreichen das nur Könner.

– je nachdem, wie man mit dem Cutter (oder der Schere) umgeht, entsteht ein leichter Grat. Er läßt sich vermeiden, wenn Sie das Messer möglichst senkrecht zum Material halten, das Sie bearbeiten. Gleichzeitig sollten Sie den Karton oder das Papier während des Schneidevorgangs mitdrehen, so daß die Position der Hand annähernd gleich bleibt. Wenn sich dennoch Grate oder Quetschungen gebildet haben, so kann man sie mit dem Fingernagelrücken oder mit einem Falzbein ausgleichen.

– um die Tischoberfläche nicht zu beschädigen, benötigt man eine Pappe als Unterlage, die mindestens so stark wie Plakatkarton sein muß. Es gibt verschiedene Möglichkeiten, ein Motiv auszuführen; die beiden üblichsten sind die Positiv- und die Negativtechnik.

In der Positivtechnik wird die Form durch das Material dargestellt – eine Bereicherung dieser Arbeitsweise ist die Schichttechnik.

Bei der Negativtechnik bilden die ausgesparten Flächen das Motiv – die Stegetechnik ist eine elegante Erweiterung.

POSITIV-TECHNIK

Bei der Positivtechnik schneidet man das Bild aus Tonpapier oder -karton aus; das Motiv wird also nur durch das Material selbst dargestellt. Eine Ausweitung und Bereicherung dieser Arbeitsweise ist die Schichttechnik: Man klebt verschiedene Karton- oder Papierteile aufeinander. Dadurch erreicht man eine stärkere Plastizität der einzelnen Objekte. Das bedeutet aber auch, daß Sie viele Teile doppelt arbeiten müssen, damit das fertige Fensterbild sowohl in den Raum hinein als auch nach außen hin richtig wirken kann. Bei doppelt zu schneidenden Teilen sollte man beide aufeinanderlegen und sie gemeinsam aus dem Material heraustrennen.

NEGATIV-TECHNIK

Wenn man die Negativtechnik bevorzugt, läßt man einen Rahmen aus Tonkarton oder -papier stehen; das Motiv selbst wird hier durch die freien Flächen dargestellt: Eine verfeinerte Variante ist die Stegetechnik. Es bleiben nur ganz schmale Stege oder Gitter als Begrenzung stehen. Auf diese Weise hergestellte Bilder vermitteln einen filigranen und eleganten Eindruck. Selbstverständlich kann man diese Techniken nebeneinander in einem Bild anwenden.

Sie dürfen natürlich auch zusätzliche Materialien nehmen. Bei den hier beschriebenen Arbeitsweisen sind einige Zwischenschritte – siehe unten – notwendig.

HERSTELLUNG

Bevor Sie mit der Ausarbeitung Ihrer Fensterbilder beginnen, sollten Sie sich die folgenden fünf Punkte durchlesen.

1. MOTIVWAHL

Einige besonders gekennzeichnete Motive sind in Originalgröße abgebildet. Die Umrisse können Sie direkt vom Foto abpausen. Alle anderen Vorlagen finden Sie auf dem Schnittmusterbogen. Die gezeigten Farbkompositionen sind nur als Anregung gedacht. Sie können in jedem Fall auch Ihrem eigenen Geschmack folgen und die Farbwahl etwa von der jeweiligen Raumausstattung abhängig machen. Bei anderen Motiven, die Sie z.B. in Zeitschriften, Bildbänden und Comics finden, sollten Sie am besten vorab überlegen, in welcher Technik sich die ausgewählte Vorlage sinnvoller ausführen läßt.

2. DURCHZEICHNUNG

Legen Sie jetzt das Transparentpapier auf die gewünschte Vorlage, und befestigen Sie beides mit Klebeband oder Büroklammern aneinander, damit beim Abpausen nichts verrutschen kann. Anschließend zeichnen Sie mit einem weichen Bleistift die einzelnen Farbflächen bzw. die Konturen des Bildes nach. Wenn Sie Motive direkt vom Foto abnehmen, müssen Sie für die Teile, die hintereinander fixiert werden, immer einen Rand stehen lassen, den Sie später mit Klebstoff bestreichen.

3. SCHABLONEN

Fixieren Sie hierfür das Transparentpapier auf Zeichenkarton. Mit einem weichen Bleistift, den Sie fest aufdrücken, fahren Sie die aufgezeichneten Linien nach. Sie sind auf dem Karton besonders gut im Gegenlicht zu erkennen. Sollte Ihnen das Durchdrücken nicht genügen, dann legen Sie Kohlepapier zwischen Transparentpapier und Zeichenkarton.

Die Schablonen können mehrfach verwendet und mit anderen Bastlern ausgetauscht werden. Dieses Verfahren ist besonders für Gruppenarbeiten geeignet.

4. AUSSCHNEIDEN

Das Ausschneiden der Motive aus Tonkarton oder Topapier ist mit Hilfe einer Schablone ganz einfach. Legen Sie sie auf das entsprechende Material, und umzeichnen Sie sie mit einem Bleistift. Schneiden Sie dann mit dem Cutter (oder der Schere) genau entlang der Linie. Der Cutter wird immer gezogen, nie geschoben.

5. AUFBAU

Die ausgeschnittenen Teile ordnen Sie auf der Durchzeichnung entsprechend der Vorlage an. Das Fensterbild braucht jetzt nur noch geklebt zu werden.

Für die Aufhängung eignen sich mit dem Locher gestanzte Papierkreise oder kleine Schnipsel aus gleichfarbigem Material, zwischen die Sie das Garn kleben.

Die vier Jahreszeiten werden im folgenden durch die unterschiedliche Bearbeitung einer Baumstruktur dargestellt. Der Baum ist aus Tonkarton ausgeschnitten. Die anderen notwendigen Materialien stehen bei den einzelnen Ausarbeitungen. Übertragen Sie das Motiv von dieser und den nächsten drei Seiten direkt vom Foto.

Frühling

Fertigen Sie ca. 20 Blüten aus je 1 gelben und 5 weißen Papierkreisen sowie rund 30 kleinen Blättern an.

Sommer

Schneiden Sie ca. 25 große
Blätter zu, und fertigen Sie die
Äpfel aus verschiedenfarbi-
gem Tonpapier oder -karton.
Der Blütenansatz wird mit
dem Filzstift aufgemalt.

Herbst
Stellen Sie für das Motiv
mindestens 35 große Blätter
in verschiedenen Farben her.

Winter
Schnee und Vögel schneiden
Sie je 2mal aus und kleben
sie auf beiden Seiten des
Baumes auf.

Leuchtturm

Eine hübsche Erinnerung an
den Urlaub stellt dieses Bild
dar.
Schneiden Sie aus Tonkarton
zu: 1mal blau; alles andere
2mal.

Frosch im Glas

Gleich fängt es an zu regnen,
wenn der Wetterfrosch recht
behält.
Schneiden Sie aus Tonkarton
zu: Leiter und Wolke je 1mal;
alles andere 2mal.

Eisvogel auf einem Kahn
Die hübsche Farbkombination
verleiht dem Bild einen zusätz-
lichen Reiz.
Schneiden Sie aus Tonkarton
zu: Wasser und Wolken je
1mal; Baum, Laub, Ufer,
Eisvogel, Kahn, Schwimmer
und Umrandung je 2mal.
Der Angelfaden ist aus Zwirn.

Flamingos

Die filigranen, sehr sanft geschwungenen Kurvenschnitte entsprechen der grazilen Erscheinung dieser tropischen Vögel.

Schneiden Sie aus Tonkarton zu: Wasser und Umrandung je 1mal; der untere Rand wird doppelt ausgeschnitten, damit das Wasser beidseitig abgedeckt ist; alles andere 2mal. Die Augen sind mit Filzstift aufgemalt.

Fischreiher unter Kopfweiden

Die Ausführung der herbstlich anmutenden Ansicht erfordert schon einiges Können. Schneiden Sie aus Tonkarton zu: Kopfweiden, Wolken, Wasser je 1mal; Tonkarton oder -papier: Reiher, Schatten, Ufer je 2mal. Die Augen malen Sie mit einem Filzstift auf.

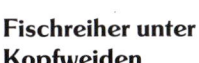

Enten auf einem See
Wo ist denn das Wasser
abgeblieben?
Alle Teile werden 2mal aus
Tonkarton ausgeschnitten.
Die Augen sind mit Filzstift
aufgemalt.

Gänsewiese

Schneiden Sie aus Tonkarton
zu: Wiese, freiliegende Schnä-
bel je 1mal; aus Tonkarton
oder -papier: Baum, Laub und
Gänschen je 2mal.
Augen und Flügel sind mit
Filzstift aufgemalt.
Bunter wird dieses Bild, wenn
Sie zusätzlich Papierkreise als
Blüten auf die Wiese kleben.

Schäfchenwiese

Die Ausarbeitung ist gar nicht
so schwierig. Wer mag, kann
die Konturen der Baumwipfel
und der Wolke freihändig
ohne Vorlage ausschneiden.
Schneiden Sie aus Tonkarton
zu: Bäume und Wolken je
1mal; alles andere 2mal.

Schwäne auf einem See
Romantische Sonnenunter-
gangsstimmung vermittelt
diese gefühlvolle Schneide-
arbeit.
Schneiden Sie aus Tonkarton
zu: Wolken und Wasser je
1mal; aus Tonkarton oder
-papier: Schwäne, Sonne und
Umrandung je 2mal.

Fliegende Kraniche
Die Ausführung dieser
Komposition verlangt sehr
genaues Arbeiten.
Schneiden Sie aus Tonkarton
zu: Meer und Wolken je 1mal;
alles andere 2mal.

Leute im Regen

Ein besonders gelungenes Beispiel, wie die Schichttechnik Tiefe und Perspektive vermittelt.

Schneiden Sie alles aus Tonkarton zu: Außer der weißen Fläche wird alles 2mal angefertigt.

Seerose mit Libelle

Hier wird besonders deutlich, daß lange, schmale Stücke mit dem Cutter erheblich genauer zu schneiden sind als mit der Schere.

Schneiden Sie aus Tonkarton zu: Die hellgrünen Teile und die hellblaue Ellipse je 1mal; alles andere 2mal.

Pusteblume (Löwenzahn)

Die zackigen Formen können Sie auch gern freihändig ausschneiden.

Schneiden Sie aus Tonkarton zu: Blätter und Stiele je 1mal; die dunkelgrünen Teile je 2mal.

Boxende Känguruhs
Ein lustiges Motiv, das in jedes
Kinderzimmer paßt und direkt
vom Foto übertragen wird.
Schneiden Sie aus Tonkarton
zu: Boden, Palmenstämme,
Junges und Arme je 1mal;
alles andere 2mal.

Mäuse auf einem Stück Käse
Nur wer tüchtig ißt, ...
Schneiden Sie aus Tonkarton
zu: Ring 1mal; aus Tonpapier:
alle Teile 2mal.

Mäuse vorm Fernseher
Selbst mit dem Cutter ist es nicht ganz einfach,
die Linien exakt nachzuschneiden.
Schneiden Sie aus Tonkarton zu: Antenne und
Wellen je 1mal; alles andere 2mal.

Maus mit Hantel
. . . kann groß und kräftig
werden.
Schneiden Sie aus Tonkarton
zu: Körper und Stange je
1mal; alles andere 2mal.

Elefant auf einem Surfbrett

Kaum zu glauben, was sich so alles auf dem Wasser tummelt. Schneiden Sie alle Teile 2mal aus Tonkarton zu.

Nichtraucherbild

Der Maus paßt es gar nicht, daß der größte Rüssel am meisten qualmt. Schneiden Sie aus Tonkarton zu: Elefant und Maus je 1mal; Zigarette und Ohren je 2mal. Für die Augen verwendet man Papierkreise.

Ente im Boot
Die Feder läßt sich auch ganz
einfach ohne Vorlage zu-
schneiden.
Schneiden Sie aus Tonkarton
zu: Feder, Mast, Sonne,
Schnabel je 1mal; alles andere
2mal.

Ballettschweinchen
Die Grazie, mit der sich diese
Ballerina bewegt, läßt sogar
die berühmte Miss Piggy
erblassen.
Schneiden Sie aus Tonkarton
zu: Körper und Schleife je
1mal; alles andere 2mal.

Affenkette
Dieses große Fensterbild
eignet sich besonders für
Gruppenarbeiten.
Schneiden Sie aus Tonkarton
zu: Ast und Körper je 1mal;
aus Tonkarton oder -papier:
alle anderen Teile 2mal.

Hühnerhof
Obwohl die Formen einfach aussehen, erfordern sie ein klein wenig Geschick. Alle Bilder werden 1mal aus Tonkarton ausgeschnitten.

Auf einem Huhn reitender Hase
Wenn Sie mehrere verschiedenfarbige Bilder nach dieser Vorlage herstellen, können Sie ein schönes Mobile basteln. Schneiden Sie aus Tonkarton zu: Huhn 1mal; Hase und Rand je 2mal.

Hase im Schaukelstuhl
Nach getaner Arbeit ist gut ruhen. Schneiden Sie aus Tonkarton zu: Hase und Rand je 1mal; Ei, Narzissen und Stuhl je 2mal.

Häschen in Eierbechern
Hallo Welt – wir kommen!
Schneiden Sie aus Tonkarton
zu: Körper 1mal; alles andere
2mal.

Jonglierender Hase
Mein Gott, was bin ich heute
wieder gut.
Schneiden Sie aus Tonkarton
zu: Körper und Ring je 1mal;
alles andere 2mal.

Häschen mit Möhren
Da die Bestandteile dieses
Bildes größtenteils frei im
Raum stehen, sollte hier
besonders sorgfältig geklebt
werden.
Schneiden Sie aus Tonkarton
zu: Rahmen und Möhren je
1mal; alles andere 2mal.

Häschen mit Besteck

Eine witzige Variante zu den
üblichen Ostermotiven.
Schneiden Sie aus Tonkarton
zu: Besteck und Fähnchen je
1mal, alles andere 2mal.

Hase im UFO

Der Osterhase ist überall
gefragt, sogar im Weltraum.
Schneiden Sie aus Tonkarton
zu: Rahmen, UFO-Rumpf,
Hasenkörper, Steuer und
Rückenlehne je 1mal;
Tonkarton oder -papier: Korb,
Eier, Arm, Antriebsrakete und
Wölkchen je 2mal.
Die Kuppel wird aus kräftiger
Klarsichtfolie gefertigt (evtl.
nur auf einer Seite anbringen).

Hase aus dem Ei gepellt

Hier stellt sich wirklich die
Frage: Wer war zuerst da –
der Hase oder das Ei?
Schneiden Sie aus Tonkarton
zu: Körper 1mal, aus Ton-
papier: alle anderen Teile
2mal.

Hase mit Luftballon

Bei diesem Bild ist darauf zu
achten, daß sehr sorfältig
geklebt wird.
Schneiden Sie aus Tonkarton
zu: Rand und Körper je 1mal
(wenn Überschneidungen
stören, Füße und Ohren noch-
mals ausschneiden); alle
anderen Teile 2mal.

Sonne, Mond und Sterne
Es ist nicht ganz einfach, den
großen Kreis auszuschneiden,
aber es lohnt die Mühe,
da dieses Bild jedes Kinderzimmer verschönert.
Schneiden Sie aus Tonkarton
zu: Kreise je 1mal; aus Tonkarton oder -papier: alle
anderen Teile 2mal.

Mühle im Schnee
Die Fertigung dieses Bildes
setzt eine gewisse Erfahrung
bei der Herstellung von
Fensterbildern voraus, um
solch ein perfektes und
schönes Ergebnis erzielen
zu können.
Das Bild wird 1mal aus
Tonkarton ausgeschnitten.

Vögel am Futterhaus

Wie gut, wenn man im Winter ein Zuhause hat.

Schneiden Sie aus Tonkarton zu:

Baum 1mal; weißer Rand, Vogelhäuschen, kleine Vögel und Schnee je 2mal; beim Vogel links den Körper 1mal, den Flügel 2mal; beim Vogel rechts Körper und Flügel je 2mal.

Die Augen werden mit Filzstift aufgemalt.

Häuschen mit Schneemann

Auch wenn draußen der Schnee fehlt, mit diesem Bild holen Sie sich den Winter ins Haus.

Schneiden Sie aus Tonkarton zu: Baum 1mal; Hut, Möhre, Rauch und Rand je 2mal; aus Tonkarton oder -papier: Haus in 2 Rottönen und Schnee je 2mal.

46

Schneeballschlacht

Eine Schneeballschlacht ist lustig, eine Schneeballschlacht ist schön ...

Schneiden Sie aus Tonkarton zu: Schneemänner und Besen je 1mal, die Borsten von hinten fixieren und die Klebestelle abdecken; alle anderen Teile 2mal.

**Schuh mit
Lebkuchenstern**
Den Schuh können Sie direkt
vom Foto übertragen.
Das gesamte Bild wird 1mal
aus Tonkarton ausgeschnitten.

Eulen im Baum
Eulen – die Tiere der Weisheit.
Schneiden Sie aus Tonkarton
zu: Baum und Eulen je 1mal;
Laub 2mal. Die Augen lassen
sich mit der Lochzange
stanzen, oder aber man klebt
kleine Papierkreise auf.

Adventskranz

Advent, Advent – ein Lichtlein brennt. Erst eins, dann zwei, dann drei, dann vier – und wenn das fünfte brennt, dann hast du Weihnachten verpennt.

Schneiden Sie aus Tonkarton zu: Rand mit Lichtschein 1mal; alles andere 2mal. Außerdem benötigt man viele Papierkreise in verschiedenen Grün-, Braun- und Gelbtönen.

Fenster mit Kerze
Bei diesem Bild werden die Positiv- und die Negativtechnik angewandt.
Schneiden Sie aus Tonkarton zu: Stern und Umrandung je 1mal; aus Tonpapier: alle anderen Teile 2mal.

Kerze mit Stern und Tannengrün
Der 1. Advent
Schneiden Sie aus Tonkarton zu: Rahmen und Licht je 1mal; aus Tonpapier: alle anderen Teile 2mal.

Engelchen mit Geschenk
Lächelt das Engelchen nicht
schelmisch? Hat es vielleicht
etwas angestellt?
Schneiden Sie aus Tonkarton
alle Teile, wie Rand, Kleid,
Haare und Schleife je 2mal
zu.

Engel spielt Flöte
Die Arbeit eines Engels: Den
ganzen Tag – nur jauchzen
und frohlocken!
Schneiden Sie aus Tonkarton
zu: Wolke, Kleid, Sterne und
Füße je 2mal; alles andere
1mal.

Nikolaus mit Sack
Bei diesem Bild muß insbesondere am inneren Rand
sorgfältig geklebt werden.
Schneiden Sie aus Tonkarton
zu: Haare und Schnee je
1mal; alles andere 2mal.

Nikolaus im Kreis
Dieses Bild eignet sich
auch sehr gut als Geschenk-
anhänger.

Schneiden Sie aus Tonkarton
zu: Ring, Gesicht und Mütze
je 1mal; Bommel, Bart, Haare,
Schnurrbart, Mund, Nase und
Augen je 2mal.
Für die Sterne benötigt man
kleine Papierkreise.

Nikolaus im Sack

Einfach herzustellen, lustig
anzuschauen, so mag man ein
Nikolausmotiv am liebsten.
Schneiden Sie aus Tonkarton
zu: Mütze, Gesicht und Rand
je 1mal; Bart und Haare je
2mal; aus Tonpapier: alle
anderen Teile 2mal. Es ist
zweckmäßig, die gestreiften
Flicken und die Locherpunkte
vorher zu arbeiten und dann
aufzukleben.

Der Nikolaus schüttet seinen Sack aus

Was für eine Freude – so viele
Geschenke!
Alles wird 2mal aus Ton-
karton geschnitten. Dieses
Arrangement kann man auch
in einen Adventskalender ver-
wandeln. Darunter verteilen
Sie dann Päckchen, Spielzeug,
Tannenzweige, Obst, Nüsse
und sonstige weihnachtliche
Applikationen.

Vier Nikoläuse

Die Köpfe sind vielfach einsetzbar: Man kann damit Weihnachtsgestecke dekorieren oder einfach nur Tannenzweige schmücken. Ein Weihnachtsbaum mit mehreren Nikolausköpfen, selbstgebackenen Plätzchen und angemalten Tannenzapfen verbreitet eine festliche Stimmung; zudem besteht auch die Möglichkeit, ein Mobile zu fertigen.

Schneiden Sie aus Tonkarton zu: Mütze und Gesicht je 1mal; alles andere 2mal. Die Teile des Schnauzbartes werden nur in der Mitte angeklebt, und nach dem Trocknen heben Sie die Enden ein wenig an.

Silvester – Neujahr
Das Glücksschwein wünscht
allen ein frohes neues Jahr.
Schneiden Sie aus Tonkarton
zu: Schwein und gelben Rand
je 1mal; Zylinder, Sterne, Klee-
blatt, Herz, Hufeisen, Fliege,
Sektglas und Ohrmuschel je
2mal.
Außerdem benötigt man
einen Filzstift zum Bemalen
des Glückschweins.

Hase auf einem Zylinder
Voilà, hier bin ich, was soll ich
euch zaubern?
Schneiden Sie aus Tonkarton
zu: Oval 1mal; es muß sehr
sorgfältig angefertigt werden;
aus Tonpapier: alle andern
Teile 2mal. Die Augen haben
einen Durchmesser von etwa
14 mm.

Drache
Den lustigen Drachen
brauchen Sie nur aus den
einzelnen Teilen zusammen-
zustecken, die Sie auf dem
Musterbogen finden.
Alles wird aus Tonkarton
gearbeitet.

Nessi
Bei der freundlichen Nessi
benötigt man nur ein wenig
Klebstoff für das Zusammen-
halten des Kreises und der
Figur.
Nessi wird aus Tonkarton
ausgeschnitten.

Schmetterlinge
Die bunten Schmetterlinge
kann man mehrmals in
verschiedenen Farben her-
stellen und ein Mobile daraus
basteln.
Sie benötigen ausschließlich
Tonkarton.

Piepmatz
So klein und schon so frech!
Der Schnabel wird nach dem
Aufkleben mit der Hand
nachgeformt und nach vorn
geknickt.
Schneiden Sie sämtliche
Formen aus Tonkarton aus.

Seepferdchen, Seite 1
Die Seepferdchen sind doppelt aus Tonkarton gefertigt.

Kolibri, Seite 2
Der Rand mit Ranken und die Rückenpartie werden je 1mal, Blüte, Bauch, Schwanzfeder und Schnabel je 2mal aus Tonkarton ausgeschnitten. Für die Augen entweder einen Filzstift oder kleine Papierkreise verwenden.

Mäuse im Käse, Seite 4
Alles wird aus Tonkarton gefertigt: Mäusekörper und Käse je 1mal; Maus unten rechts 2mal; Kopf, Zähne, Ohrmuscheln, Bauchpartie, Hände, Füße und Spaten je 2mal. Für die Bemalung nehmen Sie einen Filzstift.

Huhn mit Ei, Seite 6
Hier kann sowohl mit Tonkarton als auch mit Tonpapier gebastelt werden; außer Körper und Ei wird alles 2mal hergestellt.

Im FALKEN Verlag sind viele weitere Fensterbilder-Bücher erschienen. Lassen Sie sich in Ihrer Buchhandlung beraten.

ISBN 3 8068 1305 1

© 1992 / 1993 by Falken-Verlag GmbH, 6272 Niedernhausen/Ts.
Titelbild: Mit Motiven des Inhalts gestaltet.
Fotos: Bernd Scholzen, Mönchengladbach
Vorlagebogen: Ulrike Hoffmann, Bodenheim
Idee und Gestaltung: Werner Schulz, Lonzen-Busch (Belgien), Dieter Köhnen, Mönchengladbach
Die Ratschläge in diesem Buch sind vom Autor und vom Verlag sorgfältig erwogen und geprüft, dennoch kann eine Garantie nicht übernommen werden. Eine Haftung des Autors bzw. des Verlags und seiner Beauftragten für Personen-, Sach- und Vermögensschäden ist ausgeschlossen.
Satz: Fotosatz Creatype GmbH, Eschborn
Druck: Karl Neef GmbH & Co., Wittingen

817 2635 4453